JAMES ALLEN

COMO UN HOMBRE PIENSA, ASÍ ES SU VIDA

El libro de autoayuda más leído
de todos los tiempos

EDICIONES OBELISCO

Si este libro le ha interesado y desea que le mantengamos informado de
nuestras publicaciones, escríbanos indicándonos qué temas son de su interés
(Astrología, Autoayuda, Ciencias Ocultas, Artes Marciales, Naturismo,
Espiritualidad, Tradición...) y gustosamente le complaceremos.

Puede consultar nuestro catálogo en www.edicionesobelisco.com

Colección Libros Singulares
COMO UN HOMBRE PIENSA ASÍ ES SU VIDA
James Allen

1.ª edición: septiembre de 2009
2.ª edición: mayo de 2013

Título original: *As a Man Thinketh*

Traducción: *Verónica d'Ornellas*
Maquetación: *Natàlia Campillo*
Diseño de cubierta: *Enrique Iborra*

© 2009, Ediciones Obelisco, S. L.
(Reservados los derechos para la presente edición)

Edita: Ediciones Obelisco S. L.
Pere IV, 78 (Edif. Pedro IV) 3.ª planta, 5.ª puerta
08005 Barcelona - España
Tel. 93 309 85 25 - Fax 93 309 85 23
E-mail: info@edicionesobelisco.com

Paracas, 59 C1275AFA Buenos Aires - Argentina
Tel. (541-14) 305 06 33 - Fax: (541-14) 304 78 20

ISBN: 978-84-9777-569-4
Depósito legal: B-4.541-2013

Introducción

Este pequeño volumen (resultado de la meditación y la experiencia) no intenta ser un exhaustivo tratado sobre el tema del poder del pensamiento, del que tanto se ha escrito. Es más sugerente que explicativo, y su objetivo es estimular a hombres y mujeres en el descubrimiento y la percepción de la verdad de que: «ellos mismos son los hacedores de sí mismos» a través de los pensamientos que escogen y alientan; la mente es el maestro tejedor, tanto del traje interior del carácter como del traje exterior de las circunstancias, y que, así como hasta ahora deben haber estado tejiendo en ignorancia y dolor, pueden ahora tejer con iluminación y felicidad.

JAMES ALLEN

Pensamiento y carácter

El aforismo «como un hombre piensa en su corazón, así es él», no sólo abarca todo su ser, sino que engloba tantas cosas que alcanza a cada condición y circunstancia de su vida. Un hombre es, literalmente, *lo que piensa*; su carácter es la suma total de todos sus pensamientos.

Como una planta brota a partir de la semilla y no podría existir sin ella, así también cada acto de un hombre brota de las semillas escondidas en el pensamiento, y no habría aflorado sin ellas. Esto

se aplica tanto a los actos llamados «espontáneos» y «no premeditados» como a aquellos que son ejecutados deliberadamente.

El acto es la flor del pensamiento; el gozo y el sufrimiento son sus frutos; por eso, un hombre recoge el dulce y el amargo fruto de su propia cosecha.

> *El pensamiento de la mente nos ha hecho.*
> *Lo que somos fue forjado y construido por nuestro pensamiento.*
> *Si la mente de un hombre tiene malos pensamientos, el dolor le sobreviene como viene la rueda detrás del buey...*
> *... Si uno resiste con pureza de pensamiento, la felicidad lo sigue como su propia sombra — seguro.*

El hombre es crecimiento por ley y no una creación por artificio, y causa y efecto son tan absolutos e inequívocos en el oculto reino de los pensamientos como en el mundo de las cosas visibles y materiales. Un carácter noble y divino no es una cuestión de favor o del azar, sino el resultado natural de un esfuerzo continuado de pensar correctamente, el efecto de una largamente abrigada asociación con pensamientos divinos. Un carácter innoble y bestial, por el mismo proceso, es el resultado del continuo abrigar pensamientos rastreros.

El hombre se hace o se deshace a sí mismo; en la armería del pensamiento forja las armas con las cuales se autodestruye; también forja las herramientas con las cuales construye para sí mansiones celestiales de gozo, fortaleza y paz. Mediante la elección correcta y la auténtica aplicación del pensamiento, el hombre asciende a la perfección divina; mediante el abuso y la aplicación incorrecta del pensamiento, desciende por debajo del nivel de la bestia. Entre estos dos extremos están los grados del carácter, cuyo creador y dueño es el hombre mismo.

De todas las hermosas verdades que pertenecen al alma y que han sido restauradas y traídas a la luz en esta era, ninguna es más regocijante o está llena de divinas promesas y confianza que ésta: que el hombre es el dueño del pensamiento, el moldeador del carácter, y el hacedor de las condiciones, de su entorno y destino.

Como un ser de poder, inteligencia, y amor, y señor de sus pensamientos, el hombre tiene la clave de cualquier situación, y contiene dentro de sí ese agente transformador y regenerador por medio del cual hace de sí mismo lo que él quiere.

El hombre es siempre su dueño, incluso en sus momentos más débiles y de mayor abandono; pero en su debilidad y degradación es el inconsciente dueño que gobierna mal su «casa». Cuando comienza a reflejarse en su condición y a buscar diligentemente la ley en la que su ser está establecido, entonces se convierte en el sabio dueño, dirigiendo sus energías con inteligencia y poniendo sus pensamientos en asuntos fructíferos. Aquél es el dueño *consciente*: el hombre sólo puede convertirse en eso descubriendo *en su interior* las leyes del pensamiento; este descubrimiento es totalmente un asunto de aplicación, de autoanálisis y de experiencia.

El oro y los diamantes se obtienen sólo después de una extensa búsqueda y el hombre puede encontrar toda verdad conectada con su ser si cava profundamente en la mina de su alma, y descubre que es el hacedor de su carácter, el moldeador de su vida y el constructor de su destino, lo puede comprobar sin lugar a error si vigila, controla y altera sus pensamientos, trazando sus efectos sobre sí mismo, sobre otros, y sobre su vida y circunstancias, uniendo causa y efecto con paciente práctica e investigación, y utilizando todas sus experiencias, incluso las más triviales, las de cada día, como un medio para obtener ese

conocimiento de sí mismo que es la comprensión, la sabiduría, el poder. En esta dirección, y en ninguna otra, está la ley absoluta de que «aquel que busca encuentra; al que llame a la puerta se le abrirá», pues sólo con paciencia, práctica y porfía incesantes puede un hombre entrar por la puerta del Templo de la Sabiduría.

El efecto del pensamiento
sobre las circunstancias

La mente de un hombre podría compararse con un jardín que puede ser cultivado inteligentemente o abandonado a su suerte; pero, tanto si es cultivado como si es abandonado, *dará frutos*. Si no se le *plantan* semillas útiles, entonces una abundancia de semillas inútiles *caerá* en él y se seguirán reproduciendo.

Del mismo modo que un jardinero cultiva su terreno quitando las malas hierbas, plantando las flores y frutos que necesita, así puede un hombre

cuidar el jardín de su mente, limpiándola de todos los malos, inútiles e impuros pensamientos, cultivando hacia la perfección las flores y los frutos de pensamientos correctos, útiles y puros. Siguiendo este proceso, el hombre descubre tarde o temprano que es el maestro jardinero de su alma, el director de su vida. También revela en su interior las leyes del pensamiento, y comprende, con una exactitud cada vez mayor, cómo las fuerzas del pensamiento y los elementos de la mente operan en la formación de su carácter, circunstancias y destino.

Pensamiento y carácter son uno, y como el carácter sólo se puede descubrir y manifestar a través del entorno y las circunstancias, las condiciones externas de la vida de una persona siempre resultarán estar armoniosamente relacionadas con su estado interno. Esto no significa que las circunstancias de un hombre en cualquier momento sean un indicativo de *todo* su carácter, sino que esas circunstancias están tan íntimamente conectadas con algún elemento de pensamiento vital dentro de sí mismo que, de momento, son indispensables en su desarrollo.

Cada hombre está donde está por la ley de su ser; los pensamientos que ha construido en su carácter lo han llevado hasta ahí, y en el estado de su vida no hay ningún elemento del azar, sino que todo es el resultado de una ley que no falla. Esto también se aplica a aquellos que sienten «que no están en armonía» con su entorno y a los que están a gusto en él.

Como un ser que progresa y evoluciona, el hombre está donde está para aprender y crecer; al aprender la lección espiritual que cada circunstancia contiene, ésta se desvanece y da lugar a otras circunstancias. El hombre es golpeado por las circunstancias mientras continúa creyendo que es una víctima de las circunstancias externas, pero cuando se da cuenta de que es un poder creador, y que puede dirigir a las escondidas semillas de su ser, de las cuales surgen las experiencias, se convierte entonces en amo y señor de sí mismo.

Todo hombre que haya practicado el autocontrol y la autopurificación durante algún tiempo sabe que las circunstancias *surgen* del pensamiento, pues habrá notado que el cambio en sus circunstancias ha estado en el mismo radio que el cambio en su condición mental. Esto es tan cierto que cuando un hombre se aplica inteligentemente a remediar los defectos de su carácter, produce un cambio y un marcado progreso y pasa rápidamente por una sucesión de vicisitudes.

El alma atrae aquello que secretamente abriga, aquello que ama y también aquello que teme; alcanza la altura de sus ansiadas aspiraciones, cae al nivel de sus impúdicos deseos –y las circunstancias son los medios por los cuales recibe lo suyo.

Cada semilla de pensamiento plantada o que se deja caer en la mente y echar raíces allí, produce lo suyo, floreciendo tarde o temprano en un acto y dando su propio fruto de oportunidad y circunstancia. Los buenos pensamientos dan buenos frutos, los malos pensamientos dan malos frutos.

El mundo exterior de las circunstancias toma forma en el mundo interno del pensamiento, y tanto las condiciones externas placenteras como las no placenteras son factores que contribuyen al bien final del individuo. Como segador de su propia cosecha, el hombre aprende tanto del sufrimiento como de la felicidad.

Al seguir sus más íntimos deseos, aspiraciones y pensamientos, por los que se deja dominar (persiguiendo la voluntad de impuras imaginaciones o caminando resueltamente por la senda del fuerte y elevado empeño), un hombre llega finalmente a su realización en las condiciones externas de la vida. Las leyes de crecimiento y ajuste se manifiestan.

Un hombre no llega a una residencia para pobres o a la prisión por la tiranía del destino o las circunstancias, sino por el camino de sus malos pensamientos y bajos deseos. Tampoco un hombre de mente pura cae repentinamente en el crimen debido a la presión de ninguna fuerza externa; el pensamiento criminal había estado secretamente abrigado en su corazón durante mucho tiempo, y el momento de la oportunidad reveló su guardado poder. Las circunstancias no hacen al hombre, le son reveladas. Las condiciones, como caer en el vicio y los sufrimientos que eso conlleva, no pueden existir sin las inclinaciones viciosas, así como el ascenso a la virtud y su pura felicidad no pueden existir sin el continuo cultivo de aspiraciones virtuosas; por eso el hombre, como amo y señor del pensamiento, es el hacedor de sí mismo y el creador y autor de su entorno. Incluso al nacer el alma toma posesión de lo suyo, y en cada paso de su peregrinaje por la Tierra atrae aquellas combinaciones de circunstancias que se revelan, que son los reflejos de su propia pureza o impureza, su fuerza o su debilidad.

El hombre no atrae aquello que *quiere*, sino aquello que *es*. Sus caprichos, deseos y ambiciones son frustrados a cada paso, pero sus más íntimos pensamientos y deseos se alimentan con su propia comida, sea ésta sucia o limpia. La «divinidad que da forma a nuestros propósitos» está en nuestro interior; es nuestro propio ser. El hombre se pone las esposas a sí mismo: el pensamiento y la acción son los carceleros del Destino –encarcelan, al ser bajos–; y son también los ángeles de la libertad –liberan, al ser nobles–. No es aquello que desea y por lo que reza lo que el hombre consigue, sino lo que se gana con justicia. Sus deseos y plegarias sólo son gratificados y respondidos cuando están en armonía con sus pensamientos y acciones.

A la luz de la verdad, ¿cuál es, entonces, el significado de «luchar contra las circunstancias»? Significa que el hombre está continuamente rebelándose contra los *efectos*, mientras que al mismo tiempo está nutriendo y preservando la *causa* en su corazón. Esa causa puede tener la forma de un vicio consciente o de una debilidad inconsciente; pero, sea lo que sea, tercamente retrasa los esfuerzos de su poseedor, y entonces pide un remedio a gritos. Los hombres están ansiosos por mejorar sus circunstancias pero no quieren mejorarse a sí mismos; y, como consecuencia, permanecen atados. El hombre que no se encoge ante la autocrucificción no puede fracasar en la consecución del objetivo que alberga en su corazón.

Esto es tan cierto en los asuntos terrenales como en los celestiales. Incluso el hombre cuyo único objetivo es adquirir riqueza debe estar preparado para realizar grandes sacrificios personales antes de conseguir su objetivo, y ¿cuánto más aquel que quiere alcanzar una vida fuerte y bien equilibrada?

He aquí un hombre que es desdichadamente pobre. Está extremadamente ansioso por mejorar su entorno y las comodidades de su hogar, pero, sin embargo, rehúye su trabajo, y considera que intentar engañar a su patrón está justificado por la insuficiencia de su sueldo. Tal hombre no comprende las bases más simples de aquellos principios que son la base de la auténtica prosperidad, y no solamente está totalmente incapacitado para elevarse por encima de su desgracia, sino que en realidad está atrayendo una desgracia aún mayor morando y actuando con pensamientos indolentes, engañosos y cobardes y permaneciendo en ellos.

He aquí un hombre rico que es víctima de una enfermedad dolorosa y persistente a raíz de su glotonería. Está dispuesto a dar grandes sumas de dinero para liberarse de ella, pero es incapaz de sacrificar su glotonería. Quiere gratificar su gusto con alimentos ricos y poco naturales y, al mismo

tiempo, tener buena salud. Un hombre así está totalmente incapacitado para tener buena salud, porque aún no ha aprendido los principios de una vida saludable.

He aquí un patrón que emplea torcidas medidas para evitar tener que pagar el salario establecido y, con la esperanza de ganar más dinero, reduce los sueldos de sus trabajadores. Un hombre así está totalmente incapacitado para la prosperidad, y cuando se encuentra en la bancarrota, tanto en lo que respecta a la riqueza como a su reputación, le echa la culpa a las circunstancias, sin saber que él es el único autor de su condición.

He presentado estos tres casos como mera ilustración de la verdad de que un hombre es el causante (aunque casi siempre inconscientemente) de sus circunstancias y que, aunque desea un buen fin, está continuamente frustrando su logro al alentar deseos que no pueden armonizar de ninguna manera con ese fin. Tales casos se podrían variar y multiplicarse infinitamente, pero no es necesario, pues el lector puede, si lo desea, trazar la acción de las leyes del pensamiento en su propia mente y vida; hasta que no lo haga, los meros hechos externos no pueden servir de base para el razonamiento.

Las circunstancias, sin embargo, son tan complicadas, el pensamiento está arraigado tan profundamente, y las condiciones para la felicidad varían tanto de un individuo a otro, que la condición *total* del alma de un hombre (aunque puede ser que él la conozca) no puede ser juzgada por otro a partir únicamente de los aspectos externos de su vida. Un hombre puede ser honesto en ciertos aspectos y, sin embargo, sufrir privaciones; un hombre puede ser deshonesto en ciertos aspectos y, sin embargo, obtener riquezas; pero la conclusión que normalmente se forma de que un hombre fracasa *por su propia honestidad*, y de que el otro prospera *por su propia deshonestidad,* es el resultado de un juicio superficial que asume que el hombre deshonesto es casi totalmente corrupto, y que el hombre honesto es casi totalmente virtuoso. A la luz de un conocimiento más profundo y de una experiencia más amplia, se descubre que tal juicio es erróneo. El hombre deshonesto puede tener algunas virtudes admirables que el otro no posee, y el hombre honesto puede tener vicios detestables que están ausentes en el otro. El hombre honesto recoge los buenos resultados de sus honestos pensamientos y actos, pero también atrae los sufrimientos que sus malos pensamientos producen. De igual manera, el

hombre deshonesto recoge su propio sufrimiento y felicidad.

Es placentero para la vanidad humana creer que uno sufre por su propia virtud, pero hasta que un hombre no extirpa todo pensamiento amargo, enfermizo e impuro de su mente, y ha lavado cada mancha de su alma, no está en posición de saber y declarar que sus sufrimientos son el resultado de sus buenas y no de sus malas cualidades. Y en el camino hacia la suprema perfección, mucho antes de alcanzarla, habrá encontrado, trabajando en su mente y en su vida, la Gran Ley que es absolutamente justa y que no puede, por esa razón, dar bien por mal ni mal por bien. Poseído por tal sabiduría entonces sabrá, mirando atrás hacia su pasada ignorancia y ceguera, que su vida está, y siempre estará, justamente ordenada, y que todas sus experiencias pasadas, buenas o malas, fueron el resultado equitativo de estar en evolución, pero aún sin evolucionar.

Los buenos pensamientos y acciones nunca pueden producir malos resultados; los malos pensamientos y acciones nunca pueden producir buenos resultados. Esto es como decir que no puede salir del maíz más que maíz, y de las ortigas nada más que ortigas. Los hombres entienden esta ley en el mundo natural, y trabajan

con ella; pero pocos la comprenden en el plano mental y moral (aunque su operación ahí es igual de simple e inequívoca) y, por esa razón, no cooperan con ella.

El sufrimiento es *siempre* el resultado del pensamiento equivocado en alguna dirección. Es un indicativo de que el individuo no está en armonía consigo mismo, con la ley de su ser. El único y supremo sentido de su sufrimiento es purificar y quemar todo lo que es inservible e impuro. El sufrimiento cesa para aquel que es puro. No tiene objeto quemar el oro cuando las impurezas han sido extraídas, y un ser perfectamente puro e iluminado no podría sufrir.

Las circunstancias con las que se enfrenta un hombre que sufre son el resultado de su propia falta de armonía mental; aquéllas con las que se encuentra un hombre feliz son el resultado de su propia armonía mental. La felicidad, no las posesiones materiales, es la medida del pensamiento correcto; la desdicha, no la falta de posesiones materiales, es la medida del pensamiento incorrecto. Un hombre puede estar maldecido y ser rico, puede estar bendecido y ser pobre. Las bendiciones y las riquezas sólo están unidas cuando las riquezas son usadas correcta e inteligentemente, y el hombre pobre sólo desciende a la desdicha

cuando contempla lo suyo como una carga que se le ha impuesto injustamente.

La indigencia y la indulgencia son dos extremos de la desdicha, ambas son igualmente poco naturales y son el resultado del desorden mental. Un hombre no está correctamente condicionado hasta que es un ser feliz, sano y próspero; y la felicidad, la salud y la prosperidad son el resultado de un ajuste armonioso de lo interior con lo exterior, del hombre con su entorno.

Un hombre sólo comienza a ser un hombre cuando deja de quejarse e injuriar, y empieza a buscar la justicia escondida que regula su vida. Y mientras adapta su mente a ese factor regulador, deja de acusar a otros como causantes de su condición y se autoconstruye con pensamientos fuertes y nobles; deja de dar patadas a las circunstancias y las empieza a *utilizar* como ayuda para su progreso, como medio para descubrir los poderes ocultos y las posibilidades en su interior.

La ley, no la confusión, es el principio dominante del universo; la justicia, y no la injusticia, es el alma y la sustancia de la vida; el buen obrar, y no la corrupción, es la fuerza en movimiento que gobierna el mundo espiritual. Siendo así las cosas, el hombre no tiene más que enderezarse para encontrar que el universo está bien; encontrará que, al cambiar sus pensamientos hacia las cosas y hacia otras personas, las cosas y las personas cambiarán hacia él.

La prueba de esta verdad está en cada persona y, por esa razón, es fácil de investigar mediante una introspección y un autoanálisis sistemáticos. Deja que un hombre cambie radicalmente sus pensamientos y se sorprenderá con la rápida transformación de las condiciones materiales de su vida. Los hombres creen que los pensamientos se pueden mantener en secreto pero no es así, se cristalizan rápidamente en el hábito, y el hábito se solidifica en las circunstancias. El pensamiento brutal se cristaliza en los hábitos de la bebida y la lujuria, que se materializan en circunstancias de indigencia y enfermedad; los malos pensamientos de cualquier tipo se cristalizan en hábitos enervantes y confusos que se solidifican en circunstancias desviadoras y adversas; los pensamientos de miedo, duda, e indecisión cristalizan en hábitos débiles, cobardes e irresolutos, que se solidifican en circunstancias de fracaso, indigencia y dependencia servil; los pensamientos perezosos se cristalizan en hábitos de poca higiene y deshonestidad que se solidifican en circunstancias de suciedad y mendicidad; los pensamientos de odio y condena cristalizan en hábitos de acusación y

violencia que se solidifican en circunstancias de injuria y persecución; los pensamientos egoístas de todo tipo cristalizan en hábitos de autobúsqueda que se solidifican en circunstancias cada vez más dolorosas.

Por otro lado, los pensamientos hermosos de todo tipo se cristalizan en hábitos de gracia y generosidad que se solidifican en circunstancias geniales y luminosas; los pensamientos puros cristalizan en hábitos de templanza y autocontrol que se solidifican en circunstancias de reposo y paz; los pensamientos valientes, de confianza en uno mismo y de decisión cristalizan en hábitos de valentía que se solidifican en circunstancias de éxito, abundancia y libertad; los pensamientos enérgicos cristalizan en hábitos de limpieza y productividad que se solidifican en circunstancias agradables; los pensamientos de bondad y perdón cristalizan en hábitos bondadosos que se solidifican en circunstancias protectoras y preservadoras; los pensamientos amorosos y libres de egoísmo cristalizan en hábitos de auto-olvido por otros, lo cual se solidifica en circunstancias de prosperidad y auténticas riquezas, seguras y permanentes.

Un tipo de pensamiento particular en el que se persista, ya sea bueno o malo, produce siempre resultados en el carácter y las circunstancias. Un hombre no puede escoger sus circunstancias *directamente*, pero puede escoger sus pensamientos y así, indirectamente pero con seguridad, le da forma a sus circunstancias.

La naturaleza ayuda a todo hombre en la gratificación de los pensamientos que él más alienta, y las oportunidades que se presentan son aquellas que más rápidamente traen a la superficie tanto los buenos como los malos pensamientos.

Deja que un hombre abandone los malos pensamientos y el mundo entero se suavizará para él y estará listo para ayudarle; déjalo que abandone sus pensamientos de debilidad y enfermedad y, ¡oh!, las oportunidades le lloverán para ayudarle en sus sólidas resoluciones; déjalo que aliente sus buenos pensamientos y ningún duro destino lo llevará a la desdicha y la vergüenza. El mundo es tu caleidoscopio, y las variadas combinaciones de colores que se te presentan en cada momento sucesivo son las imágenes exquisitamente ajustadas de tus pensamientos que siempre están en movimiento.

> *Serás lo que deseas ser;*
> *deja que el fracaso*
> *encuentre su falso contenido*
> *en ese pobre mundo, «el entorno»,*
> *pero el espíritu lo desdeña y es libre.*

Domina el tiempo, conquista el espacio;
intimida a ese alardeante embustero, el azar,
y ordena a la tiránica circunstancia
sin corona,
que ocupe el lugar de un sirviente.

La voluntad humana, esa fuerza invisible,
hija de un Alma inmortal,
puede abrirse camino hacia cualquier
objetivo,
aunque haya paredes de granito de
por medio.

No te impacientes con el retraso,
mas espera como alguien que comprende.
Cuando el espíritu se eleva y ordena,
los dioses están prestos a obedecer.

Los efectos del pensamiento en el cuerpo y la salud

El cuerpo es el sirviente de la mente. Obedece a las operaciones de la mente, ya sean escogidas deliberadamente o expresadas automáticamente. Ante las órdenes de pensamientos ilícitos, el cuerpo cae rápidamente en la enfermedad y el decaimiento; bajo las órdenes de pensamientos alegres y hermosos, se viste de juventud y belleza.

La enfermedad y la salud, así como las circunstancias, están arraigadas en el pensamiento. Los pensamientos enfermizos se expresarán por

medio de un cuerpo enfermo. Se sabe que los pensamientos de temor han matado a más de un hombre tan rápidamente como una bala, y están continuamente matando a miles de personas de la misma manera, aunque más lentamente. Las personas que viven con miedo a la enfermedad son las que enferman. La ansiedad desmoraliza rápidamente a todo el cuerpo y lo abre para la entrada de la enfermedad; los pensamientos impuros, aunque no sean consentidos físicamente, pronto destrozarán el sistema nervioso.

Los pensamientos fuertes, puros y alegres construyen un cuerpo vigoroso y grácil. El cuerpo es un instrumento delicado y plástico que responde prestamente a los pensamientos que se imprimen en él, y los hábitos de pensamiento producen sus propios efectos, buenos o malos, en él.

El hombre continuará teniendo sangre impura y envenenada mientras siga teniendo malos pensamientos. De un corazón limpio salen una vida y un cuerpo limpios. De una mente deshonrada derivan una vida deshonrada y un cuerpo corrupto. El pensamiento es la fuente de la acción, la vida y la manifestación; haz que la fuente sea pura y todo será puro.

Un cambio en la dieta no puede ayudar a un hombre que no cambia sus pensamientos. Cuando un hombre tiene pensamientos puros, ya no desea el alimento impuro.

Los pensamientos limpios hacen hábitos limpios. Aquel que se dice santo y no desea lavar su cuerpo, no es santo. Aquel que ha fortalecido y purificado sus pensamientos, no necesita considerar al malévolo microbio.

Si quieres perfeccionar tu cuerpo, vigila tu mente. Si quieres renovar tu cuerpo, embellece tu mente. Los pensamientos de malicia, envidia, pesimismo, le quitan al cuerpo su salud y su gracia. Una cara no se vuelve amarga por casualidad; está hecha de pensamientos amargos. Esas arrugas que estropean vienen del orgullo, la locura y la pasión sin medida.

Conozco a una mujer de noventa y seis años que tiene el rostro luminoso e inocente de una niña. Conozco a un hombre joven cuyo rostro ha adquirido contornos inarmónicos. El primer caso es el resultado de una disposición dulce y luminosa; el segundo es el resultado de la pasión desmedida y el descontento.

Así como no puedes tener una morada dulce y completa a menos que dejes entrar el aire y la luz del sol libremente en sus habitaciones, así también un cuerpo fuerte y luminoso y un semblante luminoso, feliz y sereno sólo pueden ser el resul-

tado de la admisión de pensamientos de gozo, buena voluntad y serenidad en la mente.

En los rostros de los ancianos hay arrugas producidas por la comprensión, otras por el pensamiento fuerte y puro, y otras están surcadas por la pasión desmedida. ¿Quién no podría distinguirlas? Para aquellos que han vivido correctamente, la vejez es tranquila, pacífica y dulce como una puesta de sol. He visto recientemente a un filósofo en su lecho de muerte. No era Viejo más que en cuestión de edad. Murió dulce y pacíficamente, como había vivido.

No hay mejor médico para curar los males del cuerpo que el pensamiento alegre; no hay nada que conforte más que la buena voluntad para dispersar las sombras de las penas y las tristezas. Vivir continuamente con pensamientos de mala voluntad, cinismo, sospecha y envidia, es estar confinado a una prisión construida por uno mismo. Pero pensar bien de todo, estar alegre con todo, aprender pacientemente a encontrar lo bueno en todo, tales pensamientos son las puertas del cielo; morar cada día en pensamientos de paz hacia cada criatura traerá abundante paz a su poseedor.

Pensamiento y propósito

Hasta que no se unen pensamiento y propósito, no hay logro inteligente. La mayoría dejan que la barca del pensamiento «derive» por el océano de la vida. No tener un objetivo es un vicio, y este derivar no debe continuar para aquel que quiere estar libre de la catástrofe y la destrucción.

Aquellos que no tienen un propósito central en su vida son presa fácil de las preocupaciones tontas, los miedos, los problemas, y la autocompasión, todos ellos indicadores de debilidad, que

conducen, con la misma seguridad que las maldades planeadas (aunque por otro camino), al fracaso, la infelicidad y la pérdida, pues la debilidad no puede subsistir en un universo que evoluciona y es poderoso.

Un hombre debería concebir un propósito legítimo en su corazón y lanzarse a realizarlo. Debería hacer de este propósito el punto central de sus pensamientos. Puede tomar la forma de un ideal espiritual, o puede ser un objeto mundano, dependiendo de su naturaleza en ese momento; pero, sea lo que sea, debe concentrar las fuerzas de su pensamiento continuamente en el objetivo que ha puesto ante sí. Debería hacer de este propósito su deber supremo, y entregarse a su consecución sin dejar que sus pensamientos deriven hacia deseos, anhelos y fantasías efímeros. Éste es el camino real hacia el autocontrol y la auténtica concentración del pensamiento. Incluso si falla una y otra vez en el logro de su propósito (como sucederá necesariamente hasta que supere su debilidad) *la fortaleza de carácter que obtenga* será la medida de su auténtico éxito, y éste será el nuevo punto de partida para su futuro poder y triunfo.

Aquellos que no están preparados para comprender el *gran* propósito, deberían concentrar sus pensamientos en el correcto cumplimiento de su deber sin importar lo insignificante que su tarea pueda parecer. Sólo de esta manera se pueden reunir y concentrar los pensamientos, y se puede desarrollar la resolución y la energía y, una vez hecho esto, no hay nada que no se pueda realizar.

El alma más débil, conociendo su propia debilidad, y creyendo esta verdad *–que la fuerza sólo se puede desarrollar con el esfuerzo y la práctica–*, entonces comenzará a esforzarse, añadiendo esfuerzo al esfuerzo, paciencia a la paciencia, fuerza a la fuerza, y nunca dejará de desarrollarse y, finalmente, será divinamente fuerte.

Así como el hombre físicamente débil puede hacerse fuerte mediante un entrenamiento cuidadoso y paciente, así también puede el hombre de pensamientos débiles hacerlos fuertes ejercitándose en el pensamiento correcto.

Acabar con la falta de propósito y la debilidad y empezar a pensar con propósito, es entrar en las filas de los fuertes que sólo reconocen el fracaso como uno de los caminos hacia el éxito, que hacen que todas las condiciones les sirvan, que piensan con fuerza, intentan sin miedo y logran sus objetivos con maestría.

Habiendo concebido su propósito, el hombre debería marcarse mentalmente un camino recto hacia el éxito, sin mirar ni a la derecha ni a la

izquierda. Las dudas y los miedos deberían ser excluidos rigurosamente; son elementos desintegradores que rompen la línea recta del esfuerzo torciéndola, haciéndola ineficaz e inútil. Los pensamientos de duda y miedo nunca consiguen nada, y nunca lo podrán hacer. Siempre llevan al fracaso. El propósito, la energía y el poder para hacer, y todos los pensamientos fuertes cesan cuando la duda y el miedo se cuelan.

La voluntad de hacer surge del conocimiento de que *podemos* hacer. La duda y el miedo son los grandes enemigos del conocimiento y aquel que los alienta, que no los mata, se frustra a cada paso.

Aquel que ha dominado la duda y el miedo, ha sometido al fracaso. Todos sus pensamientos están aliados con el poder, y todas las dificultades son valientemente enfrentadas y sabiamente superadas. Planta sus propósitos en cada estación y florecen y dan frutos que no caen prematuramente al suelo.

El pensamiento que se alía sin miedo al propósito se convierte en una fuerza creativa: aquel que *sabe* esto está listo para convertirse en algo más alto y más fuerte que un mero manojo de fluctuantes pensamientos y sensaciones; aquel que *hace* esto, se ha convertido en el amo consciente e inteligente de sus poderes mentales.

El factor pensamiento en el éxito

Todo lo que un hombre consigue y todo lo que deja de conseguir es el resultado directo de sus propios pensamientos. En un universo justamente ordenado, donde la pérdida de equilibrio significaría la destrucción total, la responsabilidad individual debe ser absoluta. La debilidad y la fortaleza, la pureza y la impureza de un hombre son suyas, no son de ningún otro hombre; son creadas por él, no por otro, y sólo pueden ser alteradas por él, nunca por otro. Su condición es

también suya, de ningún otro hombre. Su sufrimiento y su felicidad surgen de su interior. Como piensa, así es; como continúa pensando, así continúa siendo.

Un hombre fuerte no puede ayudar a uno débil a menos que el débil *desee* ser ayudado, e incluso entonces el hombre débil debe hacerse fuerte por sí mismo; debe, por su propio esfuerzo, desarrollar la fortaleza que admira en el otro. Nadie más que él puede alterar su condición.

Ha sido lo normal que los hombres piensen y digan: «Muchos hombres son esclavos porque hay un opresor; odiemos, pues, al opresor». Ahora, sin embargo, hay una tendencia entre unos pocos a invertir este juicio y decir: «Hay un opresor porque muchos son esclavos; despreciemos, pues, a los esclavos». La verdad es que opresor y esclavo cooperan el uno con el otro en la ignorancia, y mientras parecen hacerse daño el uno al otro, en realidad se hacen daño a sí mismos. Un perfecto conocimiento percibe la acción de la ley en la debilidad del oprimido y en el poder mal aplicado del opresor; un amor perfecto, al ver el sufrimiento que los dos estados implican, no condena a ninguno de los dos. Una compasión perfecta incluye tanto al opresor como al oprimido.

Aquel que ha conquistado a la debilidad y ha hecho a un lado los pensamientos egoístas, no es ni opresor ni oprimido. Es libre.

Un hombre sólo puede elevarse, conquistar y lograr el éxito, elevando sus pensamientos. Sólo puede permanecer débil, abyecto y desdichado si se niega a elevar sus pensamientos.

Antes de que un hombre pueda lograr nada, incluso en cosas mundanas, debe elevar sus pensamientos por encima de la indulgente esclavitud animal. No debe si quiere tener éxito, abandonar *toda* animalidad y egoísmo, bajo ningún concepto; pero una parte de ello, por lo menos, debe ser sacrificada. Un hombre cuyo primer pensamiento es la indulgencia bestial no podría pensar con claridad ni planear metódicamente; no podría encontrar ni desarrollar sus recursos latentes y fracasaría. Al no haber comenzado valientemente a controlar sus pensamientos, no está en condiciones de controlar los asuntos y de adoptar responsabilidades serias. No está preparado para actuar solo y con independencia. Pero sólo está limitado por los pensamientos que escoge.

No puede haber progreso ni logro sin sacrificio, y el éxito mundano de un hombre lo será en la medida en que sacrifique sus confusos pensa-

mientos animales y fije su mente en el desarrollo de sus planes y en el fortalecimiento de su resolución y su autoconfianza. Y cuanto más eleve sus pensamientos, y más valiente, recto y honrado sea, mayor será su éxito y mejores y más duraderos serán sus logros.

El universo no favorece a los avaros, ni a los deshonestos, ni a los viciosos aunque, en la mera superficie, a veces lo parezca. Ayuda a los honestos, a los magnánimos y a los virtuosos. Todos los grandes Maestros han declarado esto de diversas maneras y, para probarlo y saberlo, un hombre no tiene más que persistir en hacerse cada vez más virtuoso elevando sus pensamientos.

Los logros intelectuales son el resultado del pensamiento consagrado a la búsqueda del conocimiento, o de lo bello y verdadero de la vida y la naturaleza. Tales logros a veces están conectados con la vanidad y la ambición, pero esas características no son el resultado; son el resultado natural de un esfuerzo largo y duradero y de pensamientos puros y libres de egoísmo.

Los logros espirituales son la consumación de las aspiraciones santas. Aquel que vive constantemente en la concepción de pensamientos nobles y elevados, que mora en todo lo que es puro y está libre de egoísmo, se convertirá en una persona sabia y noble de carácter, sin lugar a dudas, y se elevará hacia una posición de influencia y felicidad.

El éxito, de cualquier tipo, es la corona del esfuerzo, la diadema del pensamiento. Con la ayuda del autocontrol, la resolución, la pureza, lo recto y el pensamiento bien dirigido, el hombre asciende; con la ayuda de la animalidad, la indolencia, la impureza, la corrupción y la confusión, el hombre desciende.

Un hombre puede llegar a tener un gran éxito en la vida, e incluso alcanzar grandes alturas en el reino espiritual, y volver a descender a la debilidad y la desdicha al permitir que pensamientos arrogantes, egoístas y corruptos tomen posesión de él.

Las victorias obtenidas por medio del pensamiento correcto sólo se pueden mantener mediante la vigilancia. Muchos se abandonan cuando tienen el éxito asegurado y rápidamente caen en el fracaso.

Todos los logros, ya sean en el trabajo, intelectuales o espirituales, son el resultado de pensamientos bien dirigidos, son gobernados por la misma ley y el mismo método; la única diferencia está en *el objeto que se persigue.*

Aquel que desea lograr poco debe sacrificar poco; aquel que quiere conseguir mucho debe sacrificar mucho; aquel que desea grandes éxitos debe hacer grandes sacrificios.

Visiones e ideales

Los soñadores son los salvadores del mundo. Del mismo modo que el mundo visible se sostiene en lo invisible, así también los hombres a través de sus duras pruebas, sus faltas y sus sórdidas vocaciones se nutren con las hermosas visiones de los soñadores solitarios. La humanidad no puede olvidar a sus soñadores, no puede dejar que sus ideales desaparezcan y mueran, vive en ellos, los conoce como *las realidades* que algún día verá y conocerá.

El compositor, el escultor, el pintor, el profeta, el sabio, éstos son los hacedores del mundo del más allá, los arquitectos del cielo. El mundo es hermoso porque ellos han vivido; sin ellos la humanidad trabajadora perecería.

Aquel que adora su hermosa visión, un alto ideal en su corazón, un día lo verá realizado. Colón abrigó la visión de otro mundo, y lo descubrió; Copérnico concibió la visión de una multiplicidad de mundos y de un universo más amplio, y lo reveló; Buda tuvo la visión de un mundo espiritual de inmensa belleza y perfecta paz, y entró en él.

Ama tus visiones, ama tus ideales, ama la música que se mueve en tu corazón, la belleza que se forma en tu mente, el amor que adorna tus más puros pensamientos, pues, de ellos, surgirán las deliciosas condiciones, el entorno celestial; a partir de ellos, si te mantienes fiel, se construirá finalmente tu mundo.

Desear es obtener; aspirar es lograr. ¿Obtendrán los más bajos deseos del hombre gratificación y sus más puras aspiraciones morirán por falta de sustento? Ésa no es la ley: eso nunca sucederá: «Pedid y recibiréis».

Abriga sueños elevados, y lo que sueñes, en eso te convertirás. Tu visión es la promesa de lo que serás algún día; tu ideal es la profecía de lo que finalmente revelarás.

El logro más grande fue primero, y por un tiempo, un sueño. El roble duerme en la bellota; el pájaro espera en el huevo; y en la visión más elevada se agita un ángel. Los sueños son las semillas de las realidades.

Tus circunstancias pueden ser desagradables pero no seguirán siéndolo durante mucho tiempo si percibes tu ideal y te esfuerzas por alcanzarlo.

Lo que cultivas en tu *interior* no puede dejar de manifestarse en el *exterior*

Pongamos el caso de un joven presionado por la pobreza y el trabajo, confinado a trabajar muchas horas en un taller insalubre, sin educación, sin ningún refinamiento. Pero él sueña con cosas mejores: piensa en la inteligencia, el refinamiento, la gracia y la belleza. Concibe una condición ideal, la construye mentalmente; la visión de una mayor libertad y un mayor campo de acción toma posesión de él; la intranquilidad lo urge a la acción, y utiliza todo su tiempo libre y todos sus medios, aunque sean pocos, para desarrollar sus poderes y recursos latentes. Muy pronto, tanto es lo que ha cambiado su mente, que del taller en el que trabaja ya no lo puede retener. Ha dejado de estar en armonía con su mentalidad hasta tal

punto que desaparece de su vida como un traje viejo que se deja de usar y, con el surgir de oportunidades que encajan con la amplitud de sus cada vez mayores poderes, lo abandona para siempre. Años más tarde, este joven se ha convertido en todo un hombre. Domina ciertas fuerzas de la mente que ejerce con influencia mundial y con un poder casi inigualable. En sus manos están las cuerdas de grandes responsabilidades; habla y he aquí que muchas vidas son transformadas; hombres y mujeres escuchan sus palabras y remoldean sus caracteres, y, como el sol, él se convierte en el centro fijo y luminoso alrededor del cual giran innumerables destinos. Ha realizado la visión de su juventud. Se ha convertido en uno con su ideal.

Y tú, también, lector, realizarás tu visión (no el vano deseo) de tu corazón, ya sea bajo o hermoso, o una mezcla de ambos, pues siempre gravitarás hacia aquello que tú, secretamente, amas más. En tus manos se colocarán los resultados exactos de tus propios pensamientos; recibirás lo que te has ganado, ni más ni menos. Cualquiera que sea tu entorno actual, caerás, permanecerás o te elevarás con tus pensamientos, tu visión, tu ideal. Te volverás tan pequeño como el deseo que te controla; tan grande como la aspiración que te domina. En las hermosas palabras de Stanton Kirkham Davis: «Puedes estar llevando las cuentas, y pronto atravesarás la puerta que te parecía una barrera para tus ideales, y te encontrarás ante el público –la pluma todavía detrás de tu oreja, las manchas de tinta en tus dedos– y entonces, y en ese momento, brotará el torrente de tu inspiración. Puedes ser un pastor de ovejas, y merodearás por la ciudad bucólico y con la boca abierta–; caminarás bajo la intrépida guía del espíritu hacia el estudio del maestro, y después de un tiempo te dirá: «No tengo nada más que enseñarte». Y entonces, te habrás convertido en el maestro, que hasta hace poco soñaba con grandes cosas mientras conducía a las ovejas. Abandonarás la sierra y el cepillo para encargarte personalmente de la regeneración del mundo».

Los que no piensan, los ignorantes y los indolentes, como sólo ven los efectos aparentes de las cosas y no las cosas en sí mismas, hablan de suerte, de fortuna, y de azar. Al ver que un hombre se hace rico, dicen: «¡Qué suerte tiene!». Al observar que otro se convierte en un intelectual, exclaman: «¡Qué favorecido está!». Y, notando el carácter santo y la amplia influencia de otro, comentan: «¡Cómo lo ayuda el azar!». No ven las pruebas, los fracasos, los esfuerzos a los que estos hombres se han enfrentado voluntariamente para

adquirir experiencia; no saben los sacrificios que han hecho, los esfuerzos que han realizado, la fe que han demostrado para sobrellevar lo aparentemente imposible y realizar la visión de sus corazones. No conocen la oscuridad y las penas del corazón; sólo ven la luz y el gozo, y lo llaman «suerte»; no ven el largo y arduo camino, sólo tienen presente el logro, y lo llaman «buena fortuna»; no entienden el proceso, sólo perciben el resultado, y lo llaman «azar».

En todos los asuntos humanos hay *esfuerzos*, y hay *resultados*, y la fortaleza del esfuerzo es la medida del resultado. El azar no lo es. Los «dones», poderes y las posesiones espirituales, materiales, intelectuales son los frutos del esfuerzo; son pensamientos realizados, objetivos conseguidos y visiones materializadas.

La visión que glorificas en tu mente, el ideal que entronas en tu corazón, con esto construirás tu vida, en esto te convertirás.

La serenidad

La tranquilidad mental es una de las hermosas joyas de la sabiduría. Es el resultado de un largo y paciente esfuerzo de autocontrol. Su presencia es un indicativo de la maduración de la experiencia y de un conocimiento más que ordinario de las leyes y operaciones del pensamiento.

Un hombre alcanza la tranquilidad en la medida en que se entiende a sí mismo como un ser que ha evolucionado a partir de su pensamiento, pues tal conocimiento necesita de la comprensión

de los otros como resultado del pensamiento; al desarrollar un entendimiento correcto ve con una claridad cada vez mayor las relaciones internas de las cosas por la acción de la causa-efecto, cesa de agitarse y rabiar, de preocuparse y sufrir, y se mantiene ecuánime, firme y sereno.

El hombre tranquilo, habiendo aprendido a autogobernarse, sabe adaptarse a los otros; y ellos, a su vez, veneran su fortaleza espiritual, y sienten que pueden aprender de él y confiar en él. Cuanto más tranquilo deviene un hombre, mayores son su éxito, su influencia y su poder para bien. Incluso un comerciante ordinario encontrará que la prosperidad de su negocio aumenta a medida que desarrolla el autocontrol y la ecuanimidad, pues la gente siempre preferirá tratar con un hombre de conducta fuertemente equilibrada.

El hombre fuerte y tranquilo siempre es querido y venerado. Es como un árbol que da sombra en una tierra sedienta, o una roca protectora en una tormenta. «¿Quien no ama un corazón tranquilo, una vida dulce y equilibrada? No importa si llueve o hace sol, o si vienen cambios para los que poseen estas bendiciones, pues siempre son dulces, serenos y tranquilos. Ese exquisito equilibrio de carácter que llamamos serenidad es la última lección de cultura, es el florecer de la vida, el fruto del alma. Es tan precioso como la sabiduría, más deseado que el oro –sí, incluso más que el oro más fino–. Qué insignificante parece la persecución del dinero en comparación con una vida serena –una vida que mora en el océano de la verdad, bajo las olas, fuera del alcance de las tormentas, ¡en la Calma Eterna!

»¡Cuánta gente conocemos que amargan sus vidas, que estropean todo lo que es dulce y hermoso con temperamentos explosivos, que destruyen el equilibrio de carácter y se hacen mala sangre! Se trata de si la mayoría de gente estropea o no sus vidas y su felicidad por falta de autocontrol. ¡Qué pocas personas equilibradas conocemos en la vida, que tengan ese exquisito equilibrio que es característico de un carácter formado!»

Sí, la humanidad hierve con descontrolada pasión, se agita con indómito pesar, va de aquí para allá con ansiedad y dudas. Sólo el hombre sabio, sólo aquél cuyos pensamientos están controlados y purificados, hace que los vientos y las tormentas del alma le obedezcan.

Almas sacudidas por la tormenta, dondequiera que estéis, sean cuales sean las condiciones en las que viváis, sabed esto: en el océano de la vida, las islas de la Bendición os sonríen, y las soleadas orillas de vuestro ideal esperan vuestra llegada.

Mantened el mando de vuestro pensamiento. En la barca de vuestra alma está el Señor que da las órdenes; tan sólo está dormido; despertadlo. El Autocontrol es la fuerza; el Pensamiento Correcto es el dominio; la Calma es el poder. Decidle a vuestro corazón: «¡Paz, quédate quieto!»

Índice

Introducción.. 7

Pensamiento y carácter 9

El efecto del pensamiento
    sobre las circunstancias.......................... 17

Los efectos del pensamiento en el cuerpo
    y la salud 47

Pensamiento y propósito............................ 55

El factor pensamiento en el éxito 63

Visiones e ideales....................................... 73

La serenidad 85